図書館版

大人になってこまらない

マンガで身につく

友だちとのつきあい方

監修 相川 充　**マンガ・イラスト** とげとげ。

金の星社

プロローグ
ハートの精霊がやってきた！

もくじ

- プロローグ …… 2
- この本に出てくる人たち …… 12
- コンパクトのひみつ …… 14

第1章 友だちと仲よくなろう編

- 人はちがってあたりまえ
  いろいろな考えの人がいる！ …… 16
- 友だちを理解するには？
  聞き上手になろう！ …… 18
- 話すきっかけを作りたい！
  あいさつで始まり、あいさつでおわろう！ …… 20
- 会話をはずませたい！
  会話をはずませるコツ …… 22
- 友だちのよいところを探そう！
  だれにでもよいところ・悪いところがある …… 24
- ハーティからのメッセージ
  苦手な友だちがいてもだいじょうぶ！ …… 26

※ページ番号: 28, 30, 32, 34, 36

第2章 上手な気持ちの伝え方編

- ケンカしちゃった、仲直りしたい！
  ケンカしてもだいじょうぶ！ …… 38
- 意見がくいちがったらどうする？ …… 40, 42

- ちがう意見を上手に言うには
  意見が対立しちゃったときは …… 44
- 約束をやぶられた！
  約束をやぶられたら、どんな気持ちになる？
  約束を守れなくなっちゃったらどうする？ …… 46, 48, 50
- 失敗を笑われたら
  失敗は成功のもと！ …… 52, 54
- 友だちに助けてほしい！
  助けてほしいときはどうする？ …… 56, 58
- コラム ひょっとして友だちが悩んでいる!?
  どうしたらいい？ …… 60, 62, 63
- クイズ 困っている友だちがいたらどうする？ …… 64
- 友だちに注意したい
  友だちに注意してみようかな？ …… 66
- さそいを上手に断りたい
  なんで断りづらいんだろう？
  さそいを断られちゃった …… 68, 70, 72
- 悪口を言われちゃった
  悪口を言われたら、どんな気持ちになる？
  「やめて！」の上手な伝え方 …… 74, 76, 78

10

第3章 もっと仲よくなりたい編

苦手な子とグループになっちゃった！ …… 102
苦手な人がいてもだいじょうぶ！ …… 100
ひとりでいる子に声をかけたい！ …… 98
声をかけてもらったら、きっとうれしい…… 96
仲のよい友だちとはなれちゃった！ …… 94
友だちとの別れは新しい友だちを作るチャンス！ …… 92
仲よしグループに入れてほしい！ …… 90
勇気を出して「入れて」と言おう …… 88
断られたら、どうする？ …… 86
友だちを元気づけたい！ …… 84
元気づけるにはどうしたらいい？ …… 82
コラム　友だちを応援したい！ …… 80

第4章 自分を大切に編

自分の気持ちにうそをついてない？ …… 104
なんでうそをついちゃうんだろう？ …… 106
自分のこと、知ってる？ …… 108
自分の感じ方の「くせ」はどれかな？ …… 110
自分の気持ちを知るって大事！ …… 112
ひとりでいるってダメなこと？ …… 114
ひとりでいるとどんな気持ち？ …… 116
カッと頭にきたときは？ …… 118
カッとなって「いかり」を爆発させると…… 120
気持ちを切りかえたい！ …… 122
くやしい気持ちはどこからくる？ …… 124
友だちがうらやましい …… 126
どんなときにうらやましく思う？ …… 128
自分が好きになれないときは？ …… 130
自信はきっとあとからついてくる！ …… 132
自分も友だちも大切に！ …… 134
自分の気持ちも友だちの気持ちも同じくらい大事！ …… 136
エピローグ …… 138
おわりに …… 143

この本に出てくる人たち

青木ななみ
- 明るく元気、でもちょっと涙もろい小学4年生の女の子。
- まわりの友だちに流されやすい。
- リカと仲よしだけど、意見を曲げないリカとぶつかることも。
- しゅみは朝ドラを見ること。
- 将来の夢は女優。
- ひそかに細井九段が気になっている。

ハーティ
- 心のことや、友だちとのつきあい方ならおまかせあれ！のハートの妖精。
- リカとケンカして落ちこむななみを助けるためにやってきた。
- 声が高く、しゃべり方に特徴がある。
- 体の大きさを自由自在に変えられる。
- ちょっと天然。
- 中田一郎とアイドルが好き。

花田リカ
- お父さんがアメリカ人、お母さんが日本人のハーフ。
- 「信じられるのは自分だけ」がモットー。
- 自分の意見をいつでもハッキリ言う。
- ハッキリ言いすぎて、たまに人をきずつけることがある。
- 将来の夢は、ファッションデザイナー。

吉野よし子
- 自分の気持ちを人に話すのが苦手。
- ひとりで本を読むのが好き。
- ツチノコに並々ならぬ情熱をもち、ふだんでは考えられない行動力を見せるときがある。
- 将来の夢は、ツチノコ研究家。

筋川強志
- 「ラブアンドピース」が口ぐせのポジティブ男子。
- 趣味は筋トレ。
- 球技は苦手。
- よく自分で作った曲を学校でひろうしている。
- 将来の夢は、筋トレしながら歌うミュージシャン。

中田一郎
- クラスの学級委員。
- まじめで完ぺき主義。
- 曲がったことがきらいで、机の置き方が曲がっているだけでも許せない。
- 将来の夢は内閣総理大臣。
- ひそかに花田リカに恋をしている。

細井九段
- 趣味将棋、特技将棋。
- 寝ても覚めても将棋のことしか頭にない。
- 将棋の駒では「桂馬」が好きで、自らを「桂馬の貴公子」と呼ぶ。
- ひとりが好き。というより、将棋のじゃまをされたくない。

コンパクトのひみつ

みんなに、コンパクトのひみつを教えてあげますの！　コンパクトを使うと、自分の気持ちも友だちの気持ちもわかってしまうですの〜。

気持ちを色で教えてくれる！

- ハッピー
- かなしい
- ドキドキ
- うらやましい
- イライラ
- もやもや

色はほかにもあるよ。白く点滅すると、なにかのサイン。コンパクトを開けてみて！

気持ちのボルテージが表示されるよ！今の気持ちは何パーセントかな？

気持ちを知りたい子にかざすと、その子の気持ちがうつし出されるよ！

さあ、さっそくコンパクトを使って心のレッスンを始めるですの。

さみしいな〜せっかく仲良くなれたのに…

14

第1章

友だちと仲よくなろう編

いろいろな考えの人がいる！

運動会について、どう思う？

ふだんの筋トレの成果を発揮できるぜ！

チーム対抗でがんばるのって大好き！

将棋こそ、脳のスポーツなのにな

暑いから屋外じゃなくて屋内でやってほしいわ

運動は苦手だが学級委員としてまとめあげねば！

運動、苦手……雨降らないかなあ

学級委員をやってと言われたら？

ひとつの物事に対して、感じる思いは人それぞれですの。いろいろな考え方があるってこと、理解しあえるといいですの！

友だちを理解するには？

聞き上手になろう！

友だちを理解するには、相手の話をよく聞くのが一番大事だよ。友だちの考えや気持ちがわかってくると、友だちとのきょりもグッとちぢまるね。

しんけんに聞こうとする気持ちが大切！

友だちが安心する！

話をしんけんに聞いていることが伝わると、友だちは安心して話せるようになるよ。

ななみちゃんって話しやすいな

本当の気持ちがわかる！

友だちが安心して話せるようになると、それまで言えなかったことも話してくれるようになるよ。

そっか、よし子ちゃんはつらかったんだな

こんなふうに聞いてみよう！

① こちらから質問する

「どんなものが好き？」「どうしたの？」などと、こちらから質問してみよう。

② あいづちをうつ

うなずきながらあいづちをうつと、しんけんに聞いていることが伝わるよ。

③ 話をとちゅうでさえぎらない

つい自分の話をしたくなっても、ガマン！ 相手の話をよく聞いてね。

④ 質問は話の区切りで

話をさえぎらず、ひと区切りしたときにもっと知りたいことを質問しよう。

⑤ 共感の言葉を伝える

「そうだったんだ」「わかるよ」といった共感する言葉を伝えるといいね。

聞き上手な子は、友だちに安心感を与えることができるですの。相手の話をよく聞くことで、きっと、友だちともっと仲よくなれるですの！

23　第1章　友だちと仲よくなろう編

あいさつで始まり、あいさつでおわろう！

あいさつされてイヤだと感じる人はいないから、
気持ちよくあいさつをしよう！

あいさつすると……

相手とのきょりが近づく

あいさつは「あなたに関心があるよ！」のサイン。キミと相手を結びつけてくれるよ。

会話のきっかけになる

あいさつは「これから会話しよう！」の合図にもなる。あいさつをきっかけに話ができるよ。

相手の調子がわかる

相手が明るい声なら、元気なしょうこ。なんとなく暗かったら、ちょっと調子が悪いのかも。

気持ちがあたたかくなる

あいさつをしたり、されたりすると、「ひとりではない」と思えて心があたたかくなるね。

こんなふうにあいさつしよう！

自分から あいさつしよう！

あいさつの前後に友だちの名前をつけると、より親しみを感じてもらえるよ。

あいさつのあと、なにか言ってみよう！

相手の体調やその日の予定、昨日のできごとなど、話を広げてみよう。

笑顔ではっきりと！

相手の目を見て、笑顔で、はっきり聞こえる声で言うと、伝わりやすいよ。

あいさつはかんたんな言葉のやりとりだけど、それがあるかないかで友だちづきあいは大きく変わるですの！

会話をはずませるコツ

コツ1 話題を上手にえらぼう

はじめは目に見えること、たとえば給食や天気のことなどを話題にするといいね。それから、楽しい話、笑ってしまいそうになる話は会話がはずみやすいよ。

コツ2 質問してみよう

自分の考えを一方的に話すだけじゃなく、相手がどう思うか聞いてみると話がもりあがるよ。

コツ3 答える人を指名する

何人かでいるときは、答えてほしい友だちの名前を言ってみよう。みんなが話す側にも聞く側にもなれると楽しいね。

30

コツ4 あいづちを打って「話を聞いたよ」を伝える

「へえ」「そうなんだ」「なるほどね」など、自分が相手の話を聞いていることが伝わる言葉を言うようにしよう。

コツ5 いろいろな答えが返ってくる質問をしよう

「いつ？」「どこで？」「だれが？」「なにが？」「どうして？」「どんな？」などで始まる質問だと、話が広がりやすいよ。

ハーティ♥ナモ
話し手と聞き手がいるから、会話は楽しい！

グループの一部だけで話していても、話はもりあがらないですの。話す人を交代しながらみんなで話すようにすると、話題がつながっていくですの！

友だちのよいところを探そう！

だれにでもよいところ・悪いところがある

ある人にとってはイヤだと感じるところも、別の人にとってはよいところに思えることもあるよ。

筋川くんのふざけるところがイヤだ。

筋川くんていつもおもしろいな。

同じ人でもここは好き、ここはきらいと感じるところがある

リカちゃんって自分の意見をしっかり持っていてかっこいいな。

リカちゃんってちょっと言い方がキツイのよね。

やってみよう！ 友だちのよいところさがし

① 右のような「友だちのよいところ」シートを作ってみんなに配り、名前らんに自分の名前を書く。

② 全員のシートを集めて、ランダムに配り直す。

③ その子のがんばっていること、すごいな、ステキだなと思うところなどを書く。

④ 書きおわったらシートを集め、またランダムに配る。これを4回くり返したら、持ち主に戻す。

⑤ 友だちが書いてくれたよいところのうち、自分でも気がついていたところには赤ペンで○、気がついていなかったところには◎をつけよう。

よいところさがしをすると、自分についても友だちについても理解が深まるですの！

第1章 友だちと仲よくなろう編

ハーティからのメッセージ

苦手な友だちがいても だいじょうぶ！

　友だちのよいところをいっしょうけんめい探してみたけれど、**どうしてもスキになれない、苦手だと感じる**こともあるかもしれないですの。
　でも、今まで説明してきたみたいに、人間っていろいろな人がいて、ちがってあたりまえなんですの。だから、どうしても苦手な人がいても気にしないで。あなたが悪いんじゃないですの。
　ただ、**どんなに苦手な人だとしても、あいさつだけは自分からしっかりしてみてほしい**ですの。そうすれば、もしかしたら、少しずつきょりがちぢまっていくかもしれないですの！

第2章
上手な気持ちの伝え方編

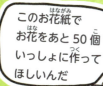

ケンカしても だいじょうぶ！

なんでケンカをするのかな？

考え方がちがうと、ケンカになることもある

意見がちがうと、否定されたようでかなしくなることもある

でも、人はちがうところがあってあたりまえですの。自分とはちがう考えを知ることが、深い友だち関係の始まりですの。

仲直り上手になろう！

友だちのよいところを思い出そう

プンスカした気持ちをしずめるためにも、友だちのよいところや、友だちとの楽しかったことを思い出してみよう。仲直りしようという勇気がわいてくるよ。

仲直りは自分から

ケンカをしたままだと、気持ちがつかれちゃうよね。思い切って自分から仲直りを切り出せば、友だちの気持ちもやわらいで、おたがいにスッキリするよ。

「仲直りしたい」と自分から声をかけてみるですの！

ハーティ♡ナモ

上手なあやまり方

① タイミング
友だちがひとりでいるときに声をかけよう。

②「仲直りしたいんだ」と切り出す
友だちも気持ちの準備ができるよ。

③ すなおにあやまる
自分が悪かったところは、すなおにあやまろう。

仲直りできてうれしくなったり、ホッとしたりしたら、その気持ちを伝えるともっといいですのね！

リカちゃん、さっきはごめんね

ちがう意見を上手に言うには……

どうしてうまく言えないのかな？

ちがう意見を言うと、友だちをきずつけちゃうかな、きらわれちゃうかなと感じてしまうかもしれないね。

「意見」＝「その人」ではないよ！

ちがう意見を言うと友だちをきずつけてしまうのではと心配するのは、「友だち」と「友だちの意見」を同じものと考えてしまっているから。意見は、友だちの一部でしかないよ！

キミは「友だちのそのときの意見」とはちがう意見を言っただけで、友だち自身を否定したわけじゃない。友だちから見たキミも同じで、意見はキミの一部でしかないよ。

ちがう意見の上手な伝え方

 友だちの意見のよいところを言おう

ちがう意見を言う前に、友だちの意見のよいところを伝えよう。よいところを伝えると、友だちも「否定された」という気持ちになりづらいよ。

コントはとてもおもしろいと思います

 友だちの意見についてちがうと思うところを言う

その友だち自身ではなく、「意見」について「ここはちがうと思う」と伝えよう。たとえば、頭ごなしに「そんな意見を言うなんて、おかしいよ」などと言ってしまうと、友だちとケンカになってしまうかも。

でも、クラス全員でやるのは難しいと思うんです

 自分の意見を言う

「私の意見は○○です」と大きな声で言えるといいね。いろいろな意見があってあたりまえだから、自由に自信を持って発言してみよう。

私は、「やりたい人がやる」というのがいいと思います

意見が対立しちゃったときは……

「めんどうくさいから多数決」で本当にいい？

意見が対立しておたがいに一歩もゆずらないときは、多数決にしたくなるよね。でも、結果が少しの差で決まると、文句が出てしまうかも。

反対意見はめんどうくさいだけ？

反対意見は、自分の意見とはちがうひとつのアイデア。まったく別の見方があることを教えてくれる、貴重な意見だよ。

両方の意見をとりいれられないか考えよう！

両方の意見をくらべてみると、意外な共通点が見つかることがあるよ。どちらかの意見を少し変えてみるなど、意見をまとめられないか考えてみよう。

46

意見のまとめ方のヒント

① 意見＋理由を聞く

ひとりずつ意見と理由を言ってください

② 意見をすべて読みあげる

③ 質問があるかかくにん

わからないこと、聞きたいことはないですか？

④ ひとつにまとめられる意見はまとめる

射的とわなげの意見はまとめられそうですね

⑤ 意見の決め方をかくにん

多数決で決めてもいいですか

⑥ いろいろな意見が出たことをみとめる

では「わなげ」に決定です。たくさんの意見が出たおかげで、いいものに決まりましたね

約束をやぶられた！

約束をやぶられたら、どんな気持ちになる？

どんな気持ちになるか、コンパクトを使ってみてみよう。

もやもや

私よりそっちを優先するのね……

「私のこときらいなの？」と不安になったり……。

ムカつく

できない約束なんてしなきゃいいでしょ！

「うそつくなんてひどい！」と腹が立ったり……。

ショック

私って友だちじゃないのかな？

「大切に思ってくれていない」とショックを受けたり……。

かなしい

リカちゃんにうらぎられたんだ

「うらぎられた！」とかなしい気持ちになってしまったり……。

約束をやぶられると、いろんな気持ちがまざって、かなしくてドンヨリした気分になってしまうですのね。

上手な気持ちの切りかえ方

① 理由を聞いてみる

理由がわかれば、すっきりするよ。

② がっかりしたことを伝える

自分の気持ちをしっかり伝えられるといいね。

③ 相手の立場や状況を考えてみる

理解が深まって、気持ちが切りかえやすくなるよ。

④ あきらめようと自分に言い聞かせる

上手にあきらめられると、前向きになれるよ。

⑤ ほかの楽しいことをする

楽しいことをすると、気持ちの切りかえがしやすいよ。

いつまでも引きずって友だちを責めてしまうと、関係がギクシャクしてしまうかもですの！　がんばって気持ちを切りかえるですの！

約束を守れなくなっちゃったらどうする？

「友だちとの約束があるのに、用事ができちゃった！」
友だちにきらわれたくなくて用事をさぼったり、理由を言わないまま約束をすっぽかしてしまったりしていないかな？　本当にそれでいいと思う？

理由をはっきりと伝えないと……

あとで困る

約束をすっぽかしても、用事をさぼって友だちと遊んでも、あとで困るのはキミ自身。

気持ちがもやもや

理由をきちんと説明しないと、気持ちはスッキリしないまま。

友だちも心配

理由の説明がないと、友だちも心配してしまうよ。

信頼関係がなくなる

本当の友だちなら、理由を正直に話せばわかってくれるはず。

理由の上手な伝え方

① 「断りのセリフ」を組み立てる

② 「断りのセリフ」を練習しておく

うまく言う自信がなかったら、口に出して練習しておくと安心だね。

③ 目を見て、はっきり伝える

友だちの目を見ながら、はっきりと聞こえる声で「断りのセリフ」を言おう。

「ごめんね」と言うときは、少し頭をさげてもいいし、表情に「申し訳ない気持ち」を出すようにしてもいいですの！

失敗を笑われたら

失敗は成功のもと！

いっしょうけんめいやったのに失敗しちゃって友だちに笑われたら、はずかしいし、かなしい気持ちになるよね。どうしたら切り抜けられるかな？

失敗はチャンス！ 気持ちを切りかえよう

失敗は悪いことじゃない
今回はじゅうぶんにできなかっただけ。失敗を次にいかせばだいじょうぶだよ。

失敗は自分を知る手がかり
どうして失敗したかを考えると、がんばるべきところが見えてくるよ。

失敗するから成長できる
くやしい気持ちが、がんばるエネルギーをくれるよ。

気持ちの上手な切りかえ方

① 深呼吸する

おなかからゆっくり息を吐いて、ゆっくり吸うをくり返すと気持ちが落ち着くよ。

②「ドンマイ」と自分に言う

「ドンマイ」「こんなときもある」「しょうがない」などと自分に言い聞かせよう。

③ 自分の長所を3つ思い出す

失敗すると自信をなくしてしまいがちだから、自分のよいところを思い出してみて！

④「失敗しちゃった」と言ってみる

友だちに「失敗しちゃった」と声に出して言うと、ふんいきが和んで気持ちが楽になるよ。

> チャレンジしたからこそ、失敗があるんですの。だから、まずはチャレンジできた自分をほめてほしいですの！

友だちに助けてほしい！

クイズ
助けてほしいときはどうする？

お楽しみ会のかざりつけが間に合わないかも！
友だちに助けてほしいけど、どうしたらいい？

① あきらめる

言いづらいから、ひとりでがんばろう……。

② まわりを責める

困っているのだから、だれかが私を助けるべき！

③ 命令する

大きな声で命令しちゃえ！

④ 友だちにやさしい口調でお願いする

「助けてほしい」とやさしく口に出してみよう。

答えは ④ 友だちにやさしい口調でお願いする

まずは、困っている、助けてほしいとはっきり言おう。やさしい言葉で助けを求めると、友だちは気持ちよく手を貸してくれるはずだよ。

60

気持ちよく助けてもらうには？

① 名前を呼びかける

困っていることに気づいてもらえるように、名前を呼びかけよう！

② 理由を話す

助けてほしい理由がわかると、友だちも助けやすいよ。

③ お願いしたい内容を伝える

なにをどのくらい助けてほしいのか、具体的に伝えよう。

④ どれほど助かるか具体的に伝える

どのくらい助かるか伝わると、友だちの「助けたい」気持ちが高まるよ。

困ったときに助け合えると、友だちとの関係がより深まるですの！

困っている友だちが いたらどうする?

困っている友だちに「手伝うよ」と言っても、もしかしたら断られてしまうかもしれない。でも言い出さないほうがもやもやしないかな？
気軽に「手伝うよ」と伝えられるといいね。

助けたい気持ちを上手に伝えるには……

① 友だちに近づく

困っていそうな友だちがいたら、あれこれ考えずに、友だちに近づいて声をかけよう！

② 「手伝おうか」とたずねる

「手伝ってもらうか」を決めるのは友だちなので、まずは「手伝おうか？」と声をかけてみよう。

③ 断られても気にしない！

断られたら少しショックかもしれないけど、手伝おうかと伝えられたことが一番大事！

コラム
ひょっとして友だちが悩んでいる!? どうしたらいい?

リカちゃん元気ないな どうしたんだろう?

1 質問してみる
悩みを自分から話すのは大変だから、「どうしたの?」「なにかあったの?」と質問をしてみよう。

2 あいづちを打ちながら聞く
悩みを話してくれているときは、あいづちを打つと、しんけんに聞いていることが伝わるよ。

3 話をさえぎらない
自分の話もしたくなるけど、ぐっとガマン。今は友だちの悩みを聞くときだよ。

4 話がひと区切りしたら、質問する
くわしく知りたいことを質問すると、もっと聞きたいというメッセージにもなるよ。

5 「そうだったんだね」と共感する
話がおわったら、「そうだったんだね」と悩みを受けとめてあげると、友だちは落ち着くよ。

6 できることがあるかたずねる
なにかできることがあるか、たずねてみよう。友だちがしてほしいことをするのが大切。

友だちの話をしんけんに聞けば、友だちの気持ちが理解できて、自分がなにをしたらよいかがわかってくるですの。

第2章 上手な気持ちの伝え方編

友だちに注意してみようかな？

ななみの場合

よし子の場合

一郎の場合

上手な注意の仕方

①　命令口調で言わない！
命令口調で注意すると、反発されて聞き入れてもらえないこともあるよ。

②　ルールを伝えよう
命令口調のかわりにルールを伝えよう。ルールは、みんなが気持ちよくすごすためにあるよ。

③　「いっしょにやろう！」と伝える
「いっしょに」という気持ちで言うと、友だちも素直になれるかも。

友だちに注意をするのって勇気が必要ですのね。でも、注意することはまちがっていないですの。「きっとうまくいく」と自分に言い聞かせながら、このページの上手な注意の仕方を参考にして伝えてみてほしいですの！

さそいを上手に断りたい

今度の日曜日は録りためていた朝ドラをのんびり見るんだ〜

ムサシさんのバカ！

ななみ！金星美術館でピカリの展示をやってるんだけどチケットをもらったから今度の日曜日にいっしょに行こうよ！

えっ楽しそう！でも今度の日曜日は…

（昼休み）

青木さん 今度の日曜日 藤井三段のトークショーがあるんだ

勉強になるから予定を空けておくように！

えっ楽しそう！でも今度の日曜日は…

なんで断りづらいんだろう？

悪いさそいをうけた！でも、きらわれたくない！

悪いさそいをうけたとき、悪いこととはわかっていても、友だちがせっかく自分をさそってくれたのだから「断りづらい」と感じることがあるよ。

きっぱり断れると……

① 悪いことをしないで済む！
ルールいはんをしてしまうと、ずっともやもやしてしまうかも。

② 悪いさそいがなくなる
最初にきっぱり断っておくと、そのあとはさそいがなくなるかもしれないよ。

③ 友だちの考えが変わるかも
友だちも「悪いことなんだ」と気がついてくれるかもしれないよ。

④ 自分に自信がつく！
きっぱり断るには勇気が必要。それができたら自分に自信がつくね。

上手な断り方

① きっぱり断る

迷わずにきっぱり断れれば、第一段階クリア！

② 理由も話す

「ルールを守りたい」というキミの気持ちを素直に伝えよう。

③ 代わりの案を言う

「今はダメだけど、家でならOK」など、代わりの案があるといいね。

④ 友だちの目を見てはっきりと

自信がなさそうな態度だと、友だちはもっと強くさそってくるかも。

「きらわれたくないから」と悪いさそいにのってしまうと、心が苦しくなってしまうですの！

さそいを断られちゃった……

勇気を出して友だちをさそったとき、断られたらどんな気持ちになるか、考えてみよう。

どんな気持ちになる？

💗 がっかり　　　　💗 ショック

断った理由がわからないと……

💗 もやもやする

理由がわかれば、「それなら仕方ないな」と思えるけど、もし理由も言われずに断られると、「自分のことがきらいなのかな」と感じてしまって、もやもやするですのね。

断られても深く考えないで！

まずは理由を確認しよう

どうして断られたかわからないときは、まずは理由をたずねてみて。理由がわかれば、気持ちが落ち着くこともあるよ。

なにか用事があるの？

気持ちの切りかえ方

① ほかの友だちをさそってみる

よし子ちゃん、将棋のイベント行ってみない？

ほかの友だちともきっと楽しい時間を過ごせるよ！

② ほかの日にさそってみる

土曜日もやってるみたいなんだけど〜

もしさそった日以外でもよければ、提案してみては？

用事があるだけじゃなくて、たまたまその日は友だちの気分がのらないという場合もあるですの。断られても深く考えすぎないで、楽しく過ごせる方法を考えてみてほしいですの！

第2章 上手な気持ちの伝え方編

悪口を言われたら、どんな気持ちになる？

 がっかり

そんなこと思われてたんだ…

 ムカつく！

あんなこと言うなんて、ひどすぎる！

 くやしい

言い返したい！

 かなしい

ショックだ…

 もやもや

私のこときらいなのかな

 もうイヤだ

私なんてどうせ……

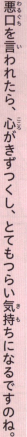

悪口を言われたら、心がきずつくし、とてもつらい気持ちになるですのね。

悪口を言われても自分の味方でいよう！

「だいじょうぶ」と自分に言い聞かせる

だれだって、悪口を言われたらかなしくてイヤな気持ちになるよね。でも、つらいときこそ、自分だけは自分の味方でいよう。「だいじょうぶ！」と自分に言い聞かせてみて！

気持ちを落ち着ける

ショックな気持ちだけじゃなくて、腹が立ってくることもあるよね。でも、いかりの感情をぶつけてもケンカになるだけ。深呼吸して気持ちを落ち着けよう。

勇気を出して「やめて」と伝える

なにも言わないと悪口は続いてしまうよ。自分を信じてちょっとずつパワーをためたら、勇気を出して友だちに「やめて！」と言ってみよう。勇気が出ないときは、「勇気を出そう」「だいじょうぶ」などと、自分に言い聞かせてみて。

「やめて！」の上手な伝え方

「やめて」と言うには勇気が必要だよね。でも、キミはまちがっていないのだから、がんばって言ってみよう。言葉ではっきり伝えることが大切だよ。

① 「悪口はやめて！」とはっきり言おう

相手の目を見て、できるだけ落ち着いて言おう。「やめろ」と命令口調ではなく、「やめてほしい」とお願いする言い方にすれば、ケンカになりにくいよ。

悪口はやめてほしいな

② 友だちを責めずに気持ちを伝える

「○○くんはいけない人だ！」などと友だちを責めると、ケンカになっちゃうかも。だから、自分がどれだけきずついたか、自分の気持ちを伝えるようにしてね。

かげでそんなこと言われると、すごくかなしいんだ

どうしても自分で「やめて！」と言えなかったり、言っても友だちの悪口がおさまらなかったりして、どうしたらいいかわからないときは、まわりの大人に相談してほしいですの。

親

先生

第3章

もっと仲よく なりたい編

苦手な子とグループになっちゃった！

苦手な人がいてもだいじょうぶ！

学校では、仲のよい友だちとだけ行動できるわけじゃないよね。
どうしたら、苦手な人と協力しあえるか、考えてみよう。

その人のこと、本当に苦手？

その子のこと、本当に知ってる？

見た目の印象や、1回の出来事で決めつけていないかな？

案外気が合うかも

いっしょに活動してみたら、案外気の合うところが見つかるかも！

「苦手」は自分を成長させてくれるよ

自分の心がわかる

どんな人を「苦手」と感じるかで、自分の心がわかってくるよ。

大人になるための練習

大人になってからは、苦手な人と活動しなきゃいけないこともあるよ。

親しくなる方法は、いろいろあるよ

① 「よし、やろう」と言い聞かせる

心の中で、自分に「よし、やろう」と声をかけてみると、気持ちが変わるよ。

② 笑顔で「よろしくね」

自分から笑顔で「よろしく」と言うと、おたがいの気持ちがほぐれるよ。

③ 自分のことを話してみる

相手に自分のことを知ってもらえると、おたがいの理解が進んできょりがちぢまるね。

④ 質問をしてみる

どんな人か知ることができると、苦手な気持ちがやわらぐかもしれないよ。

⑤ 友だちが自分をどう思っているか想像してみる

友だちの立場で考えると、友だちの気になる言葉や態度の理由がわかるかもしれないよ。

最初は「苦手」と思っていても、その人の知らなかった面がわかると、「苦手」じゃなくなるかもしれないですの！

第3章 もっと仲よくなりたい編

ひとりでいる子に声をかけたい！

声をかけてもらったら、きっとうれしい

ひとりでいる子に「声をかけたい」と思っても、「ひとりが好きなのかな」「いやがられちゃうかな」などと考えてしまうよね。
でもきっと、声をかけてもらえたらうれしいはずだよ。

だれでもずっとひとりはつまらない

たとえばひとりで本を読むのが好きな子でも、その本についての話をだれかとしたいなと思っているかもしれないよ。

声をかけてもらえば、だれでもうれしい

声をかけられると、「自分のことを気にしてくれている」と感じるから、だれでもうれしいはずだよ。

自信になる

自分から声をかけて友だちになれると、友だち関係を自分から作れるという自信にもなるよ。

上手な声のかけ方

① 笑顔で近づこう

笑顔で近づくだけでも、「これから声をかけるよ」というメッセージになるよ。友だちも心の準備がしやすくなるね。

② 目を見て声をかけよう

「ねえ」「なにしているの？」と目を見て声をかけてから、「いっしょに遊ぼうよ」などと自分の気持ちを伝えよう。

③ 友だちが迷っていたら、もう一度だけ言ってみる

迷っていたら、もう一度だけ伝えてみて。どうしてもいやそうだったら、それ以上さそうのはあきらめよう。

転校してきた子と仲よくなりたいときにも、ぜひチャレンジしてみてほしいですの！

第3章　もっと仲よくなりたい編

友だちとの別れは新しい友だちを作るチャンス！

不安な気持ちはみんな同じ

仲よしの友だちとはなれてしまうと、とても不安になるよね。「新しい友だちができるのかな」と心配になるけれど、その気持ちはみんな同じだよ。

別れは仕方のないこと

仲よしの友だちとはずっといっしょにいたいなと、だれでも思うよね。でも、クラスがえや引っ越しのように、自分ではどうにもならないことがあるよ。

いろいろなタイプの子と友だちになろう

仲よしの友だちとはなれたことをきっかけに、新しい友だちができるかもしれない。それまでとはちがうタイプの子と仲よくなると、きっとまた別のおもしろい体験が待っているよ。

友だちになるきっかけを作ろう！

① あいさつをしよう！

「おはよう」「バイバイ」「また明日ね！」といったあいさつは、友だちになる第一歩。「○○ちゃん、おはよう」などと友だちの名前をつけると、きょりがちぢまりやすくなるよ。

② あたたかい言葉をかけよう！

友だちになりたい子ががんばっているときは、「がんばっているね」「すごいね！」などと声をかけてみよう。もしその子がつらい気持ちだったら、元気づけられると思うよ。

③ 「手伝うよ」と言ってみる

友だちになりたい子が困っていたら、「手伝うよ」と声をかけてみよう。友だちとのきょりが、ぐっとちぢまるはずだよ。

不安なのはみんな同じだから、友だちが増えるチャンスと思って、がんばるですの！

勇気を出して「入れて」と言おう

仲よしグループにあとから入れてもらうのって、なんとなく不安だよね。でも、勇気を出して「入れて」と言ってみたら、案外かんたんに仲間に入れるかもしれないよ。

いやがる子、歓迎してくれる子、いろいろいるよ！

「今のままが居心地がよいから、だれも入れたくない」と考える子もいるかもしれない。でも、みんなが同じ考えだとはかぎらないよ。歓迎してくれる子もきっといるはず。

勇気を出すにはどうしたらいい？

「断られたらどうしよう」と不安に思って勇気が出ないかもしれない。そんなときは、心の中で「がんばれ」「勇気を出そう」「きっとだいじょうぶ」などと自分に言い聞かせてみて。

「仲間に入れて」と声に出す

勇気が出たら、実際に「入れて」と言ってみよう。「ねえ、なにしてるの？」「いっしょに遊んでもいい？」「楽しそうだね」などと声をかけるのもいいね。

気持ちの伝わる言い方

仲間に入れてほしい気持ちを伝えるには、言い方がとても大切だよ。

① 入れてほしいグループの近くに行く

② 入れてくれそうな子の顔を見る

③ 聞こえるように大きな声で

④ 笑顔で明るく言う

ニコニコと笑顔で声をかけると、印象がよくなるですの。友だちを増やすはじめの一歩、がんばってほしいですの！

95　第3章　もっと仲よくなりたい編

断られたら、どうする？

笑顔で明るく「入れて」と言ってみたけど、断られちゃったら、どんな気持ちになるかな。そして、どうしたらいいかな？

がっかりした気持ちに……

せっかく勇気をふりしぼってお願いしたのに断られたら、がっかりしちゃうよね。心がきずついて、もう声をかけるのは、やめようと思っちゃうかも。

> せっかく勇気を出して声をかけたのに……断られるなんてショックすぎる……

断られるのは、めずらしいことじゃないよ！

つい、自分はきらわれているのかもしれない、などと考えてしまうけど、そういうわけじゃないよ。たまたま断る理由が相手にあっただけ。落ち込む必要はないからね。

> だいじょうぶ！よくあることですの

もう一度だけ、言ってみよう！

① もう一度「仲間に入れて」と伝えてみる

もしかしたら、声が小さくて友だちに伝わらなかったのかもしれない。もうちょっとグループに近づいて、大きな声ではっきり「入れて」と言ってみよう。

② ムリにお願いせず、あきらめる

それでも断られたら、今回はあきらめよう。そのグループには、ムリに入れてもらう必要はないかもしれないよ。

③ キミに合うグループをさがす

きっと、キミに合うグループがほかにあるはずだよ。気になる別のグループがないかどうか、まわりをよく見てみてね。

だれかになにかをお願いしても、断られるのはよくあることですの。気にしなくてだいじょうぶですの！

第3章 もっと仲よくなりたい編

友だちを元気づけたい！

第3章 もっと仲よくなりたい編

元気づけるにはどうしたらいい？

① 「だいじょうぶ？」とたずねる

こっちから「だいじょうぶ？」とたずねると、友だちは話しやすいよ。

② 「心配だよ」と伝える

「元気がなくて心配している」というキミの気持ちを伝えよう。

③ 友だちのいいところを伝えよう

落ち込んでいる内容と関係がなくてもいいから、いいところを伝えてはげまそう！

④ 話を聞いてあげる

ただ話を聞いてもらえるだけでも、友だちはきっと安心するよ。

ひどく落ち込んでいるようだったら、ただとなりにすわるだけでもいいですの。

「友だちを思いやる気持ち」が伝わればOK！

「キミのことが心配なんだ」「元気出してほしいな」という気持ちが伝わると、友だちも「味方がいる」と思えて、元気が出てくるよ。

中田くん、元気出してね

中田くんなら、きっとできるよ

一郎、ドンマイ！気にすんな！

一郎くん、キミの気持ちわかるよ

上手な言葉はかけられないけど、今日はずっとそばにいよう

心配って友だちを思いやる心ですの！

一郎 love

コラム
友だちを応援したい！

みんなでなにかをするとき、友だちが失敗しても がんばりをみとめてあげられると、団結力が高まるよ。

1 友だちの名前を呼ぶ
聞こえるように名前を呼ぶと、自分がみんなに必要とされていることを感じて、ホッとするよ。

2 「がんばろう」と言う
「がんばれ」じゃなく、「がんばろう」と言おう。いっしょにがんばる気持ちが伝わるよ。

3 できたところはほめる
少しでもできたところは、言葉で伝えよう。進歩しているとわかると、やる気になるよ。

4 アドバイスする
どうすればうまくできそうか、具体的にアドバイスするといいね。

第4章

自分を大切に編

自分の気持ちにうそをついてない?

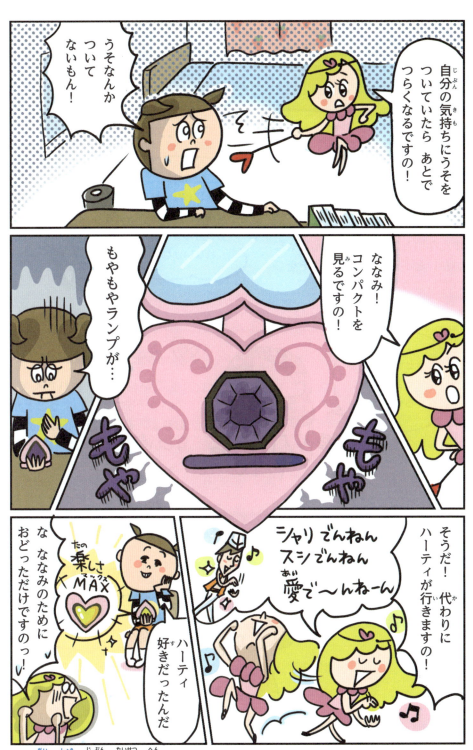

なんでうそをついちゃうんだろう?

ちがう意見が言いづらくて

「話を合わせないと遊んでくれなくなっちゃうんじゃないか」「つまんないと思われちゃうんじゃないか」と不安になって、うそをついてしまうことがあるよ。

「アイドルは好きじゃない」なんて言ったら、もう遊んでくれないかな

とうとう10ヵ国語話せるようになっちゃったわ

見栄をはりたくて

「すごいね」と言われたくて、ついうそをついてしまうことがあるよ。それは自分をみとめてほしい気持ちのあらわれなのかも。

うそがどんどんふくらむこともあるよ

はじめは小さなうそでも、そのうそをかくすために、またうそをつかなくてはならなくなることもあるよ。

うそをついてしまうと……

心が苦しくなる

まわりの人にうそがばれなくても、心が苦しくなってしまうよ。好きでもないものを好きと思いこもうと、自分の気持ちにうそをつくともやもやするよね。

信用されなくなるよ

もしもうそがばれたら、うそをつかれていたほうはとてもショックを受けて、キミのことを信じられなくなってしまうかも。

正直に打ち明けよう

うそが大きくなる前に、心が苦しくならないように、早く正直に打ち明けるですの。好みがちがうときの上手な伝え方は、44〜45ページを参考にしてほしいですの！

自分の感じ方の「くせ」はどれかな?

テスト終了まであと10分!

あと10分もあるのか、ラッキー!

もう10分しかないの?ムリ!!

もう1枚書いてみよう

才能がないのだろうか

次はもっとうまく書いてみせるわ

コップにジュースが半分のとき……

まだ半分もあるね

もう半分しかない……

110

「くせ」を知れば解決策がわかるよ

自分の感じ方や考え方の「くせ」を知っておくと、困ったときにどうしたらいいのかの解決策が見つかりやすくなるよ！

感じ方の「くせ」がわかれば気持ちも切りかえられるね

感じ方や考え方の「くせ」に、よい悪いはないよ。人によってさまざまだから、自分の「くせ」に目を向けて自分を知る手がかりにしてほしいですの。

自分の気持ちを知るって大事!

気持ちがわからないと……

なんとなくもやもやしているのにその理由がわからないと、気持ちが整理できず、落ち着かない気持ちのままに。

気持ちがわかると……

イライラしたり、かなしかったり、くやしかったり、自分がどういう気分でいるか、どうしてそうなったかがわかると、気持ちが整理できるよ。

自分の気持ちを知るには……

心の中からわき出てくる思いや感情を紙にどんどん書き出してみると、なにがイヤでそんな気持ちになったのかが見えてくるかも。

やってみよう！ 自分を知るための連想ゲーム

これは、自分を知るためのひとつの方法だよ。紙の中心に自分の名前を書いたら、好きなもの、家族、得意なことなど、なんでもいいから書いてね。そこからどんどん思いつくことを線で結んで書いていくと、意外な自分がわかってくるかも。

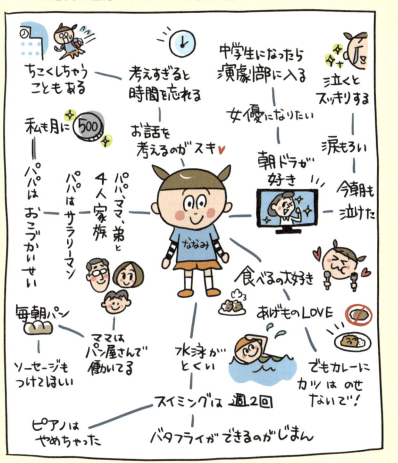

そのとき感じた気持ちを自分できちんと整理できると、友だちとのコミュニケーションでとても役に立つですの。

ひとりでいると どんな気持ち?

なんとなくさみしい

まわりが盛りあがっているのにひとりでいると、なんだかさみしい気持ちになってくるよね。

楽チンだけど、だれかとつながりたい

ひとりでいるのはきらいじゃない。でも、だれかとつながりたくて、さみしく思うこともあるよね。

さみしくて、まわりに合わせちゃうことも

人とつながって安心したいから、空気を読んだり、ついまわりに合わせて自分にうそをついてしまったりすることってあるよね。

ときにはひとりも悪くないよ！

まわりに合わせるために自分にうそばかりついていると、疲れてきちゃうよ。
無理に合わせなくてだいじょうぶ。自分のワクワクを大切にしてね。

朝ドラに感動！

ツチノコに夢中！

カフェでホッとひと息！

将棋が生きがい！

ひとりの時間も友だちと過ごす時間も、どっちも楽しめるのが一番ですの！

117　第4章　自分を大切に編

カッとなって「いかり」を爆発させると……

ケンカになる

たとえば約束をやぶられたり、失礼なことを言われたりしたら、だれでも腹が立つよね。でも、カッとなってどなってしまうと、ケンカになってしまうかも。

余計にもやもやする

腹が立ったからといって感情的におこってしまうと、もやもやした気分がずっと続いてしまうよ。これでは自分も疲れてしまうよね。

思わずカッとなってしまったら、まずはあやまろう！

だれでもついカッとなってしまうことはあるよね。そんなときは、まずおこってしまったことをあやまってみて。そして、なぜおこったのかよく考えて、友だちに伝えてみるといいよ。

気持ちを落ち着かせるには……

でも、なるべくおこらないようにする方法もあるよ。
「いかり」は訓練すれば少しずつおさえられるようになるんだ！

① その場をはなれる

いかりを感じたときは、できればその場からはなれよう。相手が目の前からいなくなれば、少し気持ちも落ち着くよ。

② 深呼吸しながら気持ちをリフレッシュ！

1. 深呼吸する
いかりの気持ちが大きくふくらんでしまう前に、深呼吸をくりかえして気持ちを落ち着かせよう。

2. 深呼吸の数を数える
「いーち」「にーい」と深呼吸の数を数えてみて。数字の形を頭の中でイメージするといいよ。

3.「落ち着こう」と言い聞かせる
またいかりがわきそうになっても、「落ち着こう」と言い聞かせよう。

4. 心地よい風景を思いうかべる
心地よい風景の中に自分がいるのを想像してみてね。

いかりを爆発させない訓練をしておくと、友だちづきあいがもっと楽しくなるですの。

気持ちを切りかえたい

くやしい気持ちはどこからくる？

どんなときにくやしい気持ちになる？

負けてくやしい！

まちがえてくやしい！

バカにされてくやしい！

失敗してくやしい！

くやしいからこそ、がんばれる！

思い通りにいかずに残念に思う心の中から、くやしさが出てくるですのね。でも、じつはそのくやしさが、がんばるエネルギーをくれるですの！

くやしい気持ちを次につなげるためには

くやしくてふてくされたままだと、状況は変わらないよ。
だからこそ、そのくやしさをがんばるエネルギーに変えるんだ。

① 深呼吸する

大きく息を吸い込んで吐き出すと、不思議と気持ちが落ち着いてくるよ。

② 理由を考える

どうしてうまくできなかったのか、自分で考えてみると次にいかせるよ。

練習が足りなかったかな

きんちょうしすぎちゃったし

③ チャレンジした自分をほめる

失敗したのは自分がチャレンジしたからこそ。自分をたくさんほめよう！

でもヒロインにチャレンジした自分はがんばったよね！

くやしいからといって、相手にいかりをぶつけてはダメですの。気持ちを上手にコントロールして、次につなげてほしいですの！

125　第4章　自分を大切に編

どんなときにうらやましく思う?

自分にはない特技がある

リカちゃん、バイオリンもピアノも上手だよなぁ。

見た目がかわいい

リカちゃん、目がぱっちりで鼻も高くてうらやましい。

自分は持っていないものをたくさん持っている

友だちと自分を比べてしまって、「私なんて……」と落ちこんでしまうんですのね〜。

自分だけのステキをさがそう！

考え方を変えてみると、自分のステキなところが見えてくるよ！

自分にあるものを考えてみる

つい人と比べて、「私はできない」「持っていないからうらやましい」って考えちゃうけど、キミにもステキなところがあるんだよ！

おうちの人に聞いてみる

自分で思いつかなかったら、おうちの人に聞いてみるのもいいね。自分では気づいていなかった「キミだけのステキ」が見えてくるかもしれないよ。

だれにでもいいところ、悪いところがあるですの。あなただけのステキを見のがさないでほしいですの！

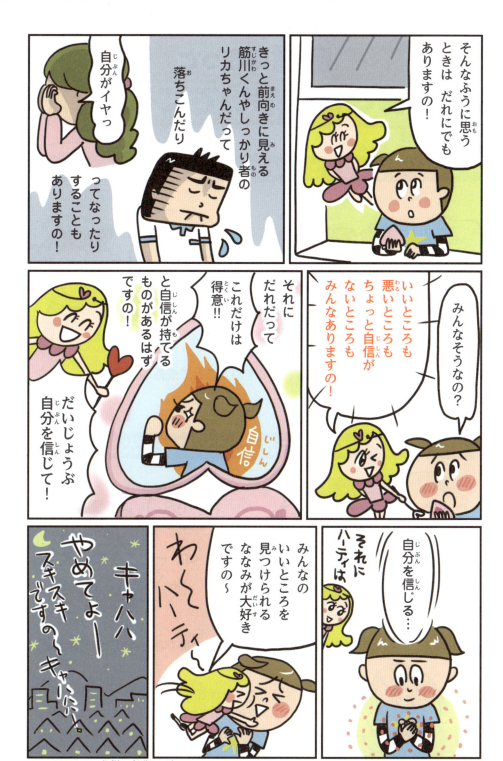

自信はきっとあとからついてくる！

ダメなところがわかるから成長できる

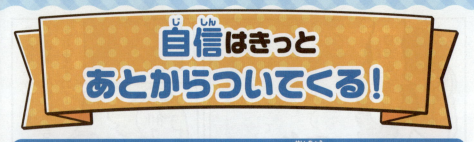

ダメなところがわかれば、そこを直すことで成長していけるね。

人とではなく「これまでの自分」と比べる

人は人、自分は自分だよ。今までの自分より成長できた自分をほめよう。

今は自分のことが好きになれなくても、いいところは絶対あるですの。自分を信じていれば、いつかかならず自信もついてくるですの！

自分のいいところをさがそう！

どんな人でもいいところとダメなところがあるんだ。
自分を好きになれないときは、自分のいいところをさがしてみよう！

得意なこと、がんばっていることを書き出してみる

「いつも元気にあいさつしている」とか「友だちに消しゴムを貸した」とか、どんなに小さなことでもいいから、得意なこと、がんばっていることを書き出してみよう。
1日がおわったら、今日がんばったこと、ほめたいところを3つずつ書いていくのも、とてもいいね。

得意なこと、好きなことに打ちこむ

得意なことや好きなことには、全力で打ちこんでみよう。「得意」や「好き」は、ステキな自分になれるチャンスがつまっているんだ。

人と比べず、自分自身のいいところを大切にのばしてほしいですの！

自分の気持ちも友だちの気持ちも同じくらい大事!

やりたいことがバラバラなときもある

今日は朝ドラ一気見しよう!

裏山にツチノコ探しに行きたいな

ホテルのラウンジでお茶したい気分

予習、復習をしっかりやっておきたい

みんなで筋トレしようぜ!!

1日中、将棋をさしていたい

でも、みんなちがっていてだいじょうぶ!

自分の気持ちに正直になれれば……

友だちのことも大切にできるよ

あなたにも友だちにも、いろいろな気持ちや考えがあるってこと、知ってもらえたかしら？心の旅はずっと続くけど、自分も友だちも大切にできれば、きっともっと仲よしになれるですの！

エピローグ
コンパクトからの卒業(そつぎょう)

これからもたくさんの出会いや別れがあって心の旅は続くけど

コンパクトがなくてももうだいじょうぶ！

だってななみは自分の気持ちも友だちの気持ちも大切にできるですの

でもヤだぁそばにいてよぉさみしいよ～

ななみ

あたくしは…友だちとのつきあい方に悩んでいる別の子のところへ行かなくてはならないですの

大好きですのななみ！

おわりに

友だちってとても大切な存在だよね。お腹をかかえるくらいいっしょに笑って、楽しさが何倍にもなる特別な時間をくれるのが友だちだ。

でも、ときにはケンカをすることもあるだろう。どうしても話しづらいクラスメイトだってきっといる。ひとりのほうがいいや、なんて思うときもあるかもしれない。

この本でもくりかえし伝えてきたけれど、「人はちがってあたりまえ」。だからこそ、ぶつかるときがあるのは仕方がないんだ。でも、意見のちがいをおたがいに認めあえれば、きっともっと仲よくなれる。

この本に書いている「友だちとのつきあい方」のヒントをぜひ試してほしいな。

ひとりの時間があってもだいじょうぶ。そのうえで友だちとも楽しく過ごせる。キミたちがそんなハッピーな毎日を送れることを、心から願っているよ。

監修　相川　充

監修 相川 充（あいかわ あつし）

筑波大学大学院人間総合科学研究科心理学専攻教授。博士（心理学）。広島大学大学院修了。専門は、実験や調査によって人間関係を分析する対人心理学。研究の中心テーマは、ソーシャルスキルの理論と応用。最近の主な共著に『上司と部下のためのソーシャルスキル』（サイエンス社）、『イラスト版子どものソーシャルスキル－友だち関係に勇気と自信がつく42のメソッド』（合同出版）など。

イラストレーター とげとげ。

1979年、埼玉県生まれ。看護師として3年間勤務後、イラストレーター＆漫画家となる。2児の母。アメーバ公式トップブロガーとして、育児4コマ漫画ブログ「ママまっしぐら！」（https://ameblo.jp/togetogeillust/）を運営。

編集・執筆	引田 光江（スタジオダンク）、大勝 きみこ
デザイン	佐藤 明日香（スタジオダンク）
校正	是光 皓平、木﨑 志保

図書館版
大人になってこまらない マンガで身につく

友だちとのつきあい方

初 版 発 行　2017年12月
第2刷発行　2023年3月

監　　　修	相川 充
マンガ・イラスト	とげとげ。
発　行　所	株式会社 金の星社
	〒111-0056 東京都台東区小島1-4-3
	電話03-3861-1861（代表）
	FAX03-3861-1507
	振替00100-0-64678
	https://www.kinnohoshi.co.jp
印 刷・製 本	図書印刷 株式会社

144P　21.6cm　NDC379　ISBN978-4-323-05334-9
©Atsushi Aikawa,togetoge,Studio dunk 2017
Published by KIN-NO-HOSHI SHA Co.,Ltd, Tokyo Japan

乱丁落丁本は、ご面倒ですが、小社販売部宛てにご送付ください。
送料小社負担にてお取り替えいたします。

JCOPY 出版者著作権管理機構 委託出版物
本書の無断複写は著作権法上での例外を除き禁じられています。複写される場合は、そのつど事前に出版者著作権管理機構（電話03-3513-6969、FAX 03-3513-6979、e-mail: info@jcopy.or.jp）の許諾を得てください。
※本書を代行業者等の第三者に依頼してスキャンやデジタル化することは、たとえ個人や家庭内での利用でも著作権法違反です。

図書館版
大人になってこまらない
マンガで身につく シリーズ

第2期 全2巻
- NDC379
- A5判／144ページ
- 図書館用堅牢製本

ユーモアあふれるマンガを読めば、自己管理や友だちづきあいがうまくできるようになる！ 専門家監修による実用書シリーズに、第2期が登場！

図書館版 大人になってこまらない
マンガで身につく
自分コントロール
監修 菅原 洋平（作業療法士）

図書館版 大人になってこまらない
マンガで身につく
友だちとのつきあい方
監修 相川 充（筑波大学人間系教授）

シリーズ既刊も大好評!!
監修：辰巳 渚（生活哲学家、家事塾代表）

● 図書館版 大人になってこまらない
　マンガで身につく
整理整頓

● 図書館版 大人になってこまらない
　マンガで身につく
マナーと礼儀